Pas de Couronne Sans Croix

Par

Gabriel Agbo

Pas de Couronne Sans Croix

ISBN:

 Gabriel Agbo

E-mail:gabrielgbo@yahoo.com
P O Box 1755, Enugu. Tel: +234-8037113283
www.authorsden.com/pastorgabrielnagbo
Twitter: www.twitter.com/pastorgabagbo
Facebook: Double Honour International

Tous les passages bibliques cités dans cet ouvrage sont sauf indication contraire tirés de la version Louis Segond 1910 de la Sainte Bible.

Editeur: Gabriel Agbo

Dédicace

Je dédie ce livre à Dieu, mon Créateur et ma source d'inspiration.

Table des matières

INTRODUCTION

Ce petit ouvrage puissant a pour but d'encourager et de fortifier les Chrétiens qui traversent des moments difficiles. Ils doivent comprendre que Dieu se sert de ces situations désagréables pour les amener à l'étape supérieure de leur élévation.

Ici, nous verrons que notre attitude peut déterminer l'orientation de notre marche avec le Seigneur et chaque adversité comporte toujours un aspect positif.

Que la lecture de ce livre affermisse votre foi.

Gabriel Agbo

<u>Avant-propos</u>

"**B**ien-aimés, ne soyez pas surpris, comme d'une chose étrange qui vous arrive, de la fournaise qui est au milieu de vous pour vous éprouver. Réjouissez-vous, au contraire, de la part que vous avez aux souffrances de Christ, afin que vous soyez aussi dans la joie et dans l'allégresse lorsque sa gloire apparaitra." 1 Pierre 4:12-13 (Louis Segond 1910).

"Le Dieu de toute grâce, qui vous a appelés en Jésus Christ à sa gloire éternelle, après que vous aurez souffert un peu de temps, vous perfectionnera lui-même, vous affermira, vous fortifiera, vous rendra inébranlables." 1 Peter 5:10 (Louis Segond 1910).

L'une des choses susceptibles de rendre un chrétien équilibré est sa capacité à toujours regarder au-delà des situations difficiles et à appréhender le dessein ultime de Dieu pour sa vie. Nous le savons déjà, la vie chrétienne n'est pas exempte de toute épreuve, mais est plutôt caractérisée par une détermination sans faille de l'enfant de Dieu à s'attacher au Seigneur même jusqu'à la mort, tout en croyant que ces épreuves le conduiront de gloire en gloire et de bénédictions en bénédictions. Cela nous conduit au message de la croix et de la couronne. La croix est le symbole de la souffrance, de l'affliction, du chagrin et du sacrifice. La couronne quant à elle, représente la victoire, la royauté, l'accomplissement, la récompense, le succès et la perfection.

Aussi, il est dans la nature de Dieu de permettre à Ses enfants de passer par des moments difficiles susceptibles de les forger à devenir ce qu'Il veut qu'ils soient. Selon la Bible, nous sommes semblables à de l'argile entre les mains du potier. Le potier utilise divers instruments pour travailler l'argile et lui donner la forme qu'il désire. Certains servent à battre l'argile et d'autres à la rendre plus fine ou lisse etc.

L'argile est également passée par le feu ou mouillée dans le but seulement d'obtenir le produit fini agréable aux yeux du potier. Nous sommes semblables à de l'argile entre les mains du Seigneur. L'épreuve de la foi constitue l'un des instruments par le moyen desquels Dieu nous modèle. Elle peut venir sous forme de persécution, de souffrance, de sacrifice, de perte, de manque, de moquerie, de trahison, de reniement etc. Cependant, quelque soit le moment auquel l'épreuve se présente, ce qui compte est que Dieu veut en produire quelque chose dans ta vie qui conduira également à faire éclater Sa gloire.

Loin de moi l'idée que toutes nos afflictions sont des épreuves de foi, Non! Vous devez toujours rechercher la source de vos problèmes, découvrir s'ils sont de Dieu ou l'œuvre de l'ennemi. Si c'est une attaque, vous devez répliquer. Si c'est la conséquence d'une faute commise par vous-mêmes, vous devez apporter la correction. Mais si cela vient de Dieu, il y a très peu de chose que vous pouvez faire. Vous ne pouvez qu'invoquer Sa grâce pour vous délivrer. Vous devez alors Lui demander de vous permettre par Sa grâce de tirer les leçons qu'Il a destinées pour vous pendant toute la durée de l'épreuve. Ceci est très important car toute prière destinée à régler la situation dans cette dernière circonstance (période d'épreuve) sera contre-productive jusqu'à ce que Dieu ait fini de travailler avec vous.

Malheureusement, ce type de message n'est plus à la page aujourd'hui. Tout ce que vous entendez lorsque vous donnez votre vie à Christ c'est, vous ne souffrirez plus à nouveau. Les choses ne seront plus difficiles pour vous, etc. Cela n'est pas vrai. Ce type de message est un ''Evangile sans Croix''. C'est prêcher Christ sans la croix. Mais pour ce qui concerne le salut, l'on ne peut pas prêcher Christ sans la croix. Nous reviendront sur ce point plus loin.

Aujourd'hui, savez-vous pourquoi un si grand nombre de Chrétiens rétrogradent lorsqu'ils rencontrent des difficultés dans leur vie chrétienne? C'est simplement parce qu'ils n'ont pas un fondement solide. Ils ne sont pas suffisamment préparés à affronter la persécution qui accompagne toujours le salut. Ils désirent recevoir toutes sortes de bénédictions de la part du Seigneur mais pas les épreuves et les persécutions. Ils veulent recevoir toutes les bénédictions d'Abraham, mais refusent de passer par les épreuves qu'il a traversées. Face aux épreuves, soit ils abandonnent totalement la main du Seigneur soit ils compromettent leur foi. Ceci est contraire à la volonté de Dieu.

La volonté de Dieu est que nous traversions ces épreuves avec foi, que nous en sortions victorieux pour accéder à un niveau supérieur. Il nous a déjà promis de ne jamais nous donner des épreuves que nous ne pouvons pas supporter. Ceci signifie simplement qu'il n'existe aucune situation difficile qui nous dépasse. Dieu qui a déjà mis en nous la capacité de supporter les épreuves, nous aidera également à en venir à bout avec succès. Sa volonté est que dans tous ces moments difficiles nous demeurions loyaux, saints, focalisés sur Lui et fidèles afin que nous recevions à la fin la récompense prévue. Oui, au bout de chaque épreuve se trouve une récompense!

Les apôtres de l'église primitive l'ont très bien compris et Pierre s'adressant aux Chrétiens leur dit de ne pas être surpris comme d'une chose étrange, des situations difficiles et des persécutions qu'ils traversent. Ils devraient au contraire se réjouir de la part qu'ils ont aux souffrances de Christ et par conséquent de la part qu'ils ont à Sa gloire. Il leur annonça qu'après les temps d'épreuves, ils seraient affermis, fortifiés, restaurés et Dieu les rendrait inébranlables. Dieu nous rend donc inébranlables! Cela est merveilleux! Les temps difficiles viendront certainement, les persécutions et les épreuves également. Notre consolation vient de ce que nous avons un Dieu puissant et juste qui est avec nous pendant les moments difficiles et nous restaure au bout des épreuves. Gloire à Dieu!

J'aime le terme **rendre inébranlables** dont Louis Segond 2010 fait usage dans 1 Pierre 5: 10. Cela veut simplement dire, donner du repos à quelqu'un après que celui-ci ait traversé une période tumultueuse. C'est passer d'une position ou maison à une autre, et mettre les choses en ordre. C'est également rembourser nos dettes. Ainsi, lorsque nous sortons victorieux des épreuves, Dieu a automatiquement une dette envers nous et Il doit nous rendre inébranlables. J'adore cela! N'oublions pas, Il a dit qu'Il n'est débiteur de personne. Nous avons donc tout à gagner dans les temps d'épreuves. Les épreuves nous forgent à devenir ce que Dieu veut que nous soyons et le Seigneur nous rendra inébranlables à la fin. L'église primitive le savait très bien et les premiers chrétiens s'attachaient fermement à l'évangile pendant les temps difficiles de persécution. L'apôtre Paul a mentionné clairement ce principe dans sa lettre à Timothée,

"Si nous persévérons, nous règnerons aussi avec lui"

2 Timothée 2:12

Voyons rapidement dans la Bible, quelques exemples de personnes qui ont enduré la souffrance de la croix et qui par la suite ont reçu la couronne. Je voudrais que vous sachiez qu'il y a une couronne qui vous attend au bout de l'épreuve que vous traversez en ce moment. Le savez-vous?

LA CROIX ET LA COURONNE DE JÉSUS

Première Partie

La Croix et la Couronne de Jésus

Notre SEIGNEUR Jésus Christ est notre modèle parfait. Aujourd'hui, Il est le Roi des rois et le Seigneur des seigneurs parce qu'Il a traversé avec succès les temps d'épreuves, de tentations et de persécutions. Il a payé entièrement le prix pour être élevé aujourd'hui à ces positions. C'est la raison pour laquelle Il déclara sur la croix que "tout est accompli". Il a payé entièrement le prix pour notre salut et pour triompher de Satan et de la mort. C'est pourquoi aussi Dieu l'a souverainement élevé et Lui a donné le nom qui est au-dessus de tout nom (Philippiens 2:9). En outre, nous connaissons toutes les épreuves que Jésus a traversées. Cela ne fut pas du tout des temps faciles. En effet, à un moment donné, Il fut tenté de faire marche-arrière, mais Il réussit à se ressaisir. C'était dur, très dur, difficile et humiliant mais Il est resté fidèle jusqu'au bout. Nous connaissons déjà certaines des situations difficiles qu'Il a traversées et comment Dieu L'a restauré.

Il est passé par la croix mais Il en est sorti victorieux. Et s'Il avait échoué à un moment ou à un autre, tout le plan de salut serait, je crois, tombé à l'eau. Mais gloire soit rendue à Dieu – le planificateur en chef! Jésus a traversé chaque étape avec succès pour parvenir enfin au salut. Le terme Grec traduit par salut est synonyme de régénération, délivrance, préservation et vie éternelle. Le kit complet de salut. Rien de moins!

Depuis que Jésus est venu au monde, l'ennemi a tout essayé pour mettre fin à Sa mission sur la terre. Avant Sa naissance, le diable voulait que Joseph divorçât de Sa mère - Marie, mais Dieu intervint en envoyant un ange vers lui. L'ange lui a expliqué l'origine de l'enfant et Sa mission. Si non, Jésus aurait porté le fardeau d'enfant illégitime pendant toute Sa vie. Aussi, après Sa naissance, le diable a suscité en Hérode l'empereur, le désir de mettre fin à Ses jours. Dieu fit échouer ce plan, et des milliers d'enfants mâles innocents à l'intérieur et dans les environs de la ville de Bethlehem payèrent de leur vie. Comme je le dis, l'ennemi essaiera par tous les moyens d'empêcher la réalisation du plan de Dieu dans votre vie, mais Dieu fera toujours échouer ses projets. Gloire à Dieu!

Le diable savait que Jésus était venu pour accomplir de grandes choses notamment, arracher les hommes des griffes de Satan; il a donc tenté de L'éliminer dès Son enfance. Pensez-vous que l'ennemi ne connait pas votre mission sur terre? Bien sûr qu'il le sait. Et c'est la raison pour laquelle il s'active pour la faire échouer. Lorsque Jésus est né, Ils (le royaume des ténèbres) ont vu aussitôt Son étoile. Certains de leurs sacrificateurs sont venus Lui rendre hommage. Les ennemis peuvent parfois connaitre le plan de Dieu pour vous. Mais je prie qu'aucune puissance de l'enfer ne soit capable de mettre fin au plan de Dieu pour votre vie au nom de Jésus!

Tentations

Jésus, selon les écritures, fut emmené dans le désert pour être tenté par le diable. Il venait d'entamer Son ministère public, mais Il devait passer d'abord par l'expérience du désert; où Il fut tenté, mis à l'épreuve et approuvé. Oui, Il fut conduit par l'Esprit de Dieu dans cet endroit pour être tenté. Le mot Grec traduit par « tenté » est synonyme de « mis à l'épreuve ». Jésus fut donc emmené par l'Esprit de Dieu dans le désert pour être mis à l'épreuve avant que Dieu ne commençât à l'utiliser.

Il y a des choses que vous ne pouvez jamais recevoir de Dieu sans passer par l'expérience du désert. Ce sont les clés du royaume de Dieu que Dieu ne peut jamais vous confier sans que vous soyez auparavant passé par l'expérience du désert pour être tenté, affermi et approuvé. Parcourez les écritures, vous y trouverez toujours l'application de ce principe. Les hommes et femmes puissamment utilisés par Dieu furent bien préparés à l'avance à travers les défis, adversités, épreuves, persécutions de tailles par lesquelles ils ou elles sont passés. Etc.

Par exemple, avant d'affronter Goliath, David fut préparé à travers des confrontations avec des bêtes sauvages. Regardez ce qu'il dit avant de se lancer dans le combat,

"...Ton serviteur faisait paître les brebis de son père. Et quand un lion ou un ours venait en enlever une du troupeau, je courais après lui, je le frappais, et j'arrachais la brebis de sa gueule. S'il se dressait contre moi, je le saisissais par la gorge, je le frappais, et je le tuais. C'est ainsi que ton serviteur a terrassé le lion et l'ours, et il en sera du Philistin, de cet incirconcis."

1 Samuel 17:34-36

Formidable! L'expérience acquise dans la forêt en tuant les lions et les ours a préparé David à sa mission future consistant à tuer Goliath, à mener les batailles du Seigneur et à diriger Israël. C'est exactement le rôle des tentations et épreuves dans notre vie. Elles nous forment pour les missions à venir. Et nous devons toujours nous efforcer à les surmonter.

Jésus affronta directement le diable dans le désert. Le diable Lui présenta le désir de la chair, la convoitise des yeux, l'orgueil de la vie, la gloire du monde, mais Jésus résista à tout ceci. Comment y parvint-il? En restant concentré sur Sa mission divine. Il savait que ce que le diable Lui proposait n'était rien comparé à ce que Dieu Lui réservait. Il vainquit proprement le diable et la Bible dit, ''Alors le diable le laissa. Et voici, des anges vinrent auprès de Jésus, et le servaient.'' (Matthieu 4:11). Lorsque vous arrivez à bout de l'ennemi, Dieu vient vous réconforter.

Chaque moment d'épreuve se termine toujours par une promotion. Je l'ai personnellement expérimenté dans ma vie. Après ce temps d'épreuve dans le désert, Jésus entama sérieusement Son ministère terrestre. Il en sortit puissamment oint et recouvert de la grâce de Dieu. Si vous restez endurants et fidèles, les épreuves que vous traversez en ce moment vous conduiront à un niveau supérieur de gloire. C'est la vérité!

Oui, nos regards sont toujours fixés sur ce que nous devons parfois supporter avant de recevoir des promotions ou des récompenses. Et nous continuons avec Jésus. Après la grande tentation dans le désert, Jésus dut également affronter d'autres obstacles avant d'être couronné de gloire. A chaque étape, Il refusait d'abdiquer en dépit de leur caractère intolérable et contraignant. Toute son attention était focalisée sur la récompense qui L'attendait. Il connaissait le salaire qui Lui était réservé à la fin. Voyons rapidement d'autres expériences qu'Il a traversées et comment celles-ci nous affectent aujourd'hui.

Moquerie

L'une des choses que nous auront à subir sur le chemin du couronnement est la moquerie des autres. Cela fait partie des croix que nous devons porter. Jésus a eu Sa part de railleries. Se moquer de quelqu'un, c'est le tourner en dérision, le ridiculiser. C'est l'un des instruments de persécution les plus puissants. Chaque parole (ou acte) visant à tourner en ridicule en temps d'épreuve est toujours douloureuse à supporter et le diable le sait très bien. C'est pourquoi les épreuves les plus ardues s'accompagnent toujours de railleries. Le pire est que la plupart du temps, les moqueries viennent de là où l'on s'y attend le moins. Et si vous ne tenez pas fermes ou manquez de courage, cela peut vous déséquilibrer et vous conduire à une défaite totale. Cependant, la meilleure chose à faire dans ces temps là, c'est d'ignorer le moqueur et aller de l'avant.

Deuxièmement, vous pouvez également porter ces paroles de railleries ou les conditions qui les ont générées à Dieu en prière. Dieu hait la moquerie et prend toujours la défense de celui qui en est victime. Nul besoin de le dire, le diable voudra toujours tourner en dérision tout ce qui est de Dieu. Il fera tout pour tourner en ridicule tout projet ou mission divine, notamment le vôtre en ce moment. Si vous ne l'avez pas encore expérimenté, attendez-vous-y, car cela est inévitable. Mais comme je l'ai dit, lorsque cela se présente, vous devez l'ignorer et avancer.

Jésus fit l'objet de beaucoup de railleries de la part des chefs religieux, des Juifs, de la foule, des Ses propres parents, de Ses propres frères et même de criminels condamnés. Tous n'avaient pour but que de Le décourager et Le pousser à abandonner Sa mission divine. Gloire soit rendue à Dieu, Il les ignora tous et resta concentré sur Sa mission. Lorsqu'Il opérait des délivrances, ils L'appelaient le prince des démons. Lorsqu'Il disait qu'Il est le Fils de Dieu et le Messie, ils se mettaient en colère contre Lui. Dans Sa ville natale Nazareth, lorsqu'Il faisait des miracles et enseignait, les gens Lui demandèrent,

"… D'où lui viennent ces choses? Quelle est cette sagesse qui lui a été donnée, et comment de tels miracles se font-ils par ses mains? N'est-ce pas le charpentier, le fils de Marie, le frère de Jacques, de Joses, de Jude et de Simon? Et ses sœurs ne sont-elles pas ici parmi nous? Et il était pour eux une occasion de chute."

Marc 6: 1-3

Lorsqu'Il affirma que la fille de Jaïrus n'était pas morte et qu'elle dormait, la Bible dit que la foule se moqua de Lui. Cependant, Il leur demanda tous de sortir rapidement et Il ramena la petite fille à la vie. Aussi, les soldats qui le crucifièrent se moquèrent de Lui avant de Le clouer sur la croix. Il est important que nous lisions ce passage où ils L'ont vraiment tourné en dérision.

''Les soldats conduisirent Jésus dans l'intérieur de la cour, c'est-à-dire, dans le prétoire, et ils assemblèrent toute la cohorte. Ils le revêtirent de pourpre, et posèrent sur sa tête une couronne d'épines, qu'ils avaient tressée. Puis ils se mirent à le saluer: Salut, roi des Juifs! Et ils lui frappaient la tête avec un roseau, crachaient sur lui, et, fléchissant les genoux, ils se prosternaient devant lui. Après s'être ainsi moqués de lui, ils lui ôtèrent la pourpre, lui remirent ses vêtements, et l'emmenèrent pour le crucifier.''

Marc 15: 16- 20

Même à la croix, Jésus essuya les railleries des gens, du sacrificateur, de chefs religieux et pire, de criminels condamnés qui étaient crucifiés à Ses côtés. Ils Lui dirent de se sauver Lui-même s'Il était vraiment le messie et le Fils de Dieu, comme Il le prétendait. Ils Le mirent au défi de descendre de la croix s'Il voulait qu'Ils crussent en Lui. Dans tous ceci, notre SEIGNEUR ne dit aucun mot. Il ne prêta point attention à ce qu'Ils disaient. Le diable fera tout son possible pour nous briser notre moral à travers des railleries en temps d'épreuve. Mais en tout cela, nous devons rester calmes et focalisés sur l'objectif. Plusieurs ont perdu leur récompense simplement parce qu'ils ont réagi ou répondu à la moquerie. Vous ne devez pas répondre aux railleries. Vous devez savoir que les paroles de moquerie ne sont que l'opinion de l'ennemi à votre sujet. Elles ne sont aucunement ce que Dieu pense de vous. En temps d'épreuve, c'est ce que Dieu pense de nous, ses promesses et plans pour notre vie qui comptent. Toute opinion contraire est sans importance et doit par conséquent être ignorée.

Il y a dans les écritures d'autres personnes qui ont également fait l'objet de moquerie. Nous avons l'exemple de Sarah. Elle essuya les railleries de la part d'Hagar (sa servante qui devint avec son accord sa coépouse). Lorsqu'Isaac est finalement venu au monde, Sarah vit Hagar et son fils Ismaël se moquer de lui. Tourner en dérision la promesse de Dieu! C'est le caractère même de Satan.

Dans le livre de 1 Samuel, Peninnah avait pratiquement brisé le moral d'Anne. Elle avait l'habitude de se moquer d'elle parce qu'elle n'avait pas d'enfants, à tel point qu'Anne se mettait à pleurer continuellement et se privait de nourriture. Aussi, lorsque les enfants d'Israël rebâtissaient les murailles de Jérusalem au temps de Néhémie, Tobija et Sanballat étaient prêts à se laisser utiliser comme des instruments pour les tourner en dérision. Mais Néhémie et les Juifs ne firent pas attention à eux, au contraire, ils portèrent devant le Seigneur ces paroles de moquerie et poursuivirent leur mission jusqu'au bout avec succès. Oui, Je crois qu'il y aura toujours des Tobija et Sanballat qui s'opposeront au plan de Dieu. Mais vous pouvez aussi les vaincre comme Néhémie l'a fait. Je prie que Dieu décourage et couvre de honte tous ceux qui se moquent de vous au nom de Jésus!

Quelle situation traversez-vous en ce moment ? Etes-vous objet de railleries à cause de ce que vous vivez comme situation ? Les gens vous donnent-ils des sobriquets? Vous appellent-ils femme stérile? Echec? Vous ont-ils dit que vous ne pourrez jamais rien faire dans la vie? Ont-ils tourné en dérision votre projet, votre ministère ? Ont-ils dit que vous ne pourrez pas aller loin dans cette mission? Vous ont-ils donné un ultimatum pour tout abandonner? Ignorez-les et portez ces paroles à Dieu en prière. La Bible déclare que Dieu prend toujours la défense de ceux qui sont victimes de moquerie.

En fait, j'ai personnellement remarqué que les railleries précipitent toujours le processus de ma délivrance. Dieu fera la même chose pour vous aujourd'hui. Commencez par prier Dieu qu'Il réponde rapidement à ceux qui se moquent de vous en intervenant dans votre situation. Dégagez une journée entière et priez ainsi et vous verrez ce que Dieu fera pour vous.

Oppositions et Tempêtes

Les oppositions et tempêtes font partie des obstacles que vous rencontrerez pendant les temps d'épreuve dans votre vie. Pourquoi ces choses arrivent-elles ? Juste pour vous freiner dans votre élan, dans votre marche vers la promotion. Mais avant de poursuivre, lisons ce passage important des écritures, dans Esaïe 43: 1-3,

''Ainsi parle maintenant l'Éternel, qui t'a créé, ô Jacob! Celui qui t'a formé, ô Israël! Ne crains rien, car je te rachète, Je t'appelle par ton nom: tu es à moi! Si tu traverses les eaux, je serai avec toi; Et les fleuves, ils ne te submergeront point; Si tu marches dans le feu, tu ne te brûleras pas, Et la flamme ne t'embrasera pas. Car je suis l'Éternel, ton Dieu, Le Saint d'Israël, ton sauveur''

Peut-il avoir une promesse plus grande que celle-ci ? C'est merveilleux! Vous pouvez mettre votre nom au début du premier verset. Remplacez Israël par Gabriel, John, Yinka, Ngozi, Amina, Joy ou autre. La promesse est pour tous ceux qui appartiennent à Christ et comprennent le dynamisme de Son Royaume. Dieu dit que vous traverserez des oppositions, des persécutions, des tempêtes, des troubles, des 'eaux profondes' et des oppressions, mais vous en sortirez toujours victorieux. Retenez l'expression "traverserez". Cela signifie simplement que ces choses sont momentanées, passagères, transitoires et temporaires. Elles ne sont pas permanentes. Elles ne durent que pour un temps. Elles ont une durée limitée. Vous n'endurerez pas cette situation difficile pour toujours. Après cela, vous passerez certainement à une autre étape, la phase du témoignage et de la victoire. Gloire à Dieu!

L'opposition, c'est ce qui résiste, ce qui est contraire, ce qui s'oppose à votre progression. Etre confronté à des forces contraires bien déterminées à vous freiner dans votre élan à tout prix. Oui, Jésus est passé par toutes ces péripéties. Et pourquoi pensez-vous que ces choses ne peuvent pas vous arriver? Un serviteur est-il plus grand que son maitre ? Non! Jésus dit que si le monde L'a persécuté, nous aussi le serons certainement par le monde. Il ne faut pas voir ces oppositions spirituelles et physiques comme des choses étranges. Au contraire, elles sont le signe que vous portez la marque du Christ. Réjouissez-vous plutôt car votre victoire est garantie selon Ses promesses et par le prix qu'Il a payé pour nous. Oui, réjouissez-vous!

Jésus a rencontré une opposition farouche de la part de Satan et des hommes. Le diable a dressé des obstacles de diverses sévérités sur Son chemin. Les autorités Juives se sont dressées contre Lui. Les chefs religieux Juifs L'ont accusé de blasphème; parce qu'Il disait qu'Il était le messie et prétendait avoir une sagesse supérieure. Ils se sont levés contre Lui à cause des miracles qu'Il a accomplis pendant Son ministère. Ils envoyèrent des espions pour surveiller Ses paroles, enseignements, miracles et actes. Ils se dressèrent contre Lui parce que leurs positions étaient menacées et qu'ils risquaient de perdre tous leurs suiveurs. Ils pensaient que Jésus était venu pour leur faire perdre leur notoriété. Ils ont également essayé de le lapider à mort mais Dieu L'a toujours délivré de leurs mains de manière surnaturelle. Jésus était attaqué de toutes parts, cependant Il restait focalisé sur l'objectif.

Tempêtes

L'ennemi souleva des tempêtes contre le ministère de Jésus. Elles surgissaient de manière soudaine et violente, mais Jésus maitrisait également toujours la situation. Les tempêtes surviennent toujours dans nos moments d'épreuve. Elles surgissent au moment où l'on s'y attend le moins. Elles surviennent violemment. Elles rendent notre marche si difficile au point que nous sommes souvent tentés de tout laisser tomber. Elles vous donnent l'impression que vous vous êtes engagés dans une vraie mission suicide. Mais je voudrais vous rassurez, quelle que soit la turbulence ou l'impétuosité des tempêtes que vous traversez en ce moment, si vous croyez simplement dans les paroles que vous lisez maintenant et vous accrochez au Seigneur, vous en sortirez certainement avec de grands témoignages. J'en suis, au moins, un témoignage vivant. La Parole de Dieu ne ment pas!

J'ai traversé certaines des pires tempêtes à différentes étapes de ma vie depuis l'âge de six ans. Mais par la grâce de Dieu, j'ai survécu à tous ces moments difficiles. Et aujourd'hui Dieu bénit et affermit d'autres personnes partout dans le monde entier à travers nous. Des milliers sont bénis chaque jour à travers nos diverses diffusions – livres, colonnes de journaux, croisades, séminaires, évangélisation sur internet, œuvres sociales, etc. Et nous n'en sommes qu'au début. Imaginez ce qui se serait passé si j'avais abdiqué à moment ou à un autre pendant les épreuves. Maintenant, je commence à comprendre pourquoi Ses mains invisibles me protégeaient pendant ces temps difficiles. Dieu est fidèle! Oui, ces tempêtes ne peuvent pas mettre fin à votre marche. Avancez donc!

Voyons maintenant ce qui est arrivé à Jésus et à Ses disciples en Marc 4:35-41:

''Ce même jour, sur le soir, Jésus leur dit: Passons à l'autre bord. Après avoir renvoyé la foule, ils l'emmenèrent dans la barque où il se trouvait; il y avait aussi d'autres barques avec lui. Il s'éleva un grand tourbillon, et les flots se jetaient dans la barque, au point qu'elle se remplissait déjà. Et lui, il dormait à la poupe sur le coussin. Ils le réveillèrent, et lui dirent: Maître, ne t'inquiètes-tu pas de ce que nous périssons?''

''S'étant réveillé, il menaça le vent, et dit à la mer: Silence! Tais-toi! Et le vent cessa, et il y eut un grand calme. Puis il leur dit: Pourquoi avez-vous ainsi peur? Comment n'avez-vous point de foi? Ils furent saisis d'une grande frayeur, et ils se dirent les uns aux autres: Quel est donc celui-ci, à qui obéissent même le vent et la mer?''

Gloire soit rendue à Dieu! Le diable savait ce que Jésus et Ses disciples allaient faire de l'autre côté du lac. Ils s'y rendaient dans le but d'exercer un ministère puissant de délivrance qui allait déclencher un bouleversement dans toute la région, un grand réveil qui conduirait au bout du compte des milliers d'âmes à Christ. Alors, l'ennemi (qui selon certains agissait à travers les puissances territoriales qui demeuraient dans ce lac), souleva une violente tempête dans le but de contrecarrer cette mission divine. Mais Jésus, comme à son habitude, prit le contrôle de la situation. Il menaça la tempête qui se calma aussitôt. Je pense que vous devriez parler contre ces attaques et obstacles rageurs que l'ennemi a lancés contre vous. Ordonnez-leur de se calmer au nom de Jésus. Oui, Jésus a tout pouvoir sur les tempêtes!

Trahison

Vous pourriez également expérimenter la trahison dans vos moments d'épreuve. Jésus en a également été victime. Les personnes en qui vous avez le plus confiance, vos amis ou connaissances proches peuvent vous trahir. Regardez ce Judas fit à Jésus. Regardez ce que Pierre et les autres disciples firent à leur maître. Ils le vendirent, le renièrent et l'abandonnèrent en ce moment crucial. En effet, les femmes parmi Ses disciples qui ont montré tant de loyauté à Son endroit, se tenaient à distance, le regardant, au moment où Il était mourant sur la croix. **Oui, plusieurs vous trahiront, d'autres se tiendront à distance, loin de vous, pendant vos moments d'épreuves, mais sachez que Dieu se tiendra à vos côtés jusqu'à la fin.**

Ils accusèrent également Jésus. Ils Le mirent aux arrêts, Le battirent, Le dépouillèrent, crachèrent sur Son visage, Le crucifièrent et Le mirent dans un tombeau. Ils prirent soin de fermer hermétiquement Sa tombe et postèrent des soldats pour en garder l'entrée.

Le Troisième Jour

Mais au troisième jour, les puissances de la mort et de l'enfer ne purent pas retenir Jésus dans le tombeau. Il dépouilla la mort de sa puissance, défia les armées sataniques et en sortit victorieux. Et Dieu Lui donna le nom qui est au-dessus de tout nom. Aujourd'hui, Il est le ROI des rois et le SEIGNEUR des Seigneurs. Il existe toujours un troisième jour (une issue victorieuse) à toute période d'épreuve. Accrochez-vous seulement à la Parole de Dieu et croyez en Ses promesses. La fin sera heureuse. Je prie maintenant que la puissance qui ressuscita Jésus d'entre les morts vous fasse sortir de tout tombeau spirituel au nom de Jésus-Amen!

A Ses disciples

Jésus annonça également à Ses disciples ce qui les attendait en tant que disciples. Il leur dit qu'ils recevraient des bénédictions et des récompenses pour

L'avoir suivi, cependant ils devraient également s'attendre à des persécutions. Les persécutions font donc partie des 'avantages'. J'espère que vous le saisissez parfaitement. Alors, lorsque vous recherchez les bénédictions de la part de Dieu, attendez-vous également à recevoir des persécutions. Lisons ensemble ce passage biblique:

''Jésus répondit: Je vous le dis en vérité, il n'est personne qui, ayant quitté, à cause de moi et à cause de la bonne nouvelle, sa maison, ou ses frères, ou ses sœurs, ou sa mère, ou son père, ou ses enfants, ou ses terres, ne reçoive au centuple, présentement dans ce siècle-ci, des maisons, des frères, des sœurs, des mères, des enfants, et des terres, avec des persécutions, et, dans le siècle à venir, la vie éternelle''.

Marc 10:29-30.

LES EPREUVES ET VICTOIRES DE JOB ET JOSEPH

<u>Deuxième Partie</u>

Les Epreuves et Victoires de Job et Joseph

"Pendant ses dernières années, Job reçut de l'Éternel plus de bénédictions qu'il n'en avait reçu dans les premières…Job vécut après cela cent quarante ans, et il vit ses fils et les fils de ses fils jusqu'à la quatrième génération. Et Job mourut âgé et rassasié de jours''.

Job 42:12-17.

"Pharaon fit appeler Joseph. On le fit sortir en hâte de prison. Il se rasa, changea de vêtements, et se rendit vers Pharaon''.

''Pharaon dit à Joseph: Vois, je te donne le commandement de tout le pays d'Égypte. Pharaon ôta son anneau de la main, et le mit à la main de Joseph; il le revêtit d'habits de fin lin, et lui mit un collier d'or au cou. Il le fit monter sur le char qui suivait le sien; et l'on criait devant lui: A genoux! C'est ainsi que Pharaon lui donna le commandement de tout le pays d'Égypte. Il dit encore à Joseph: Je suis Pharaon! Et sans toi personne ne lèvera la main ni le pied dans tout le pays d'Égypte''.

Genèse 41: 14, 41-44

Dans cette section, nous étudierons les épreuves subies et les victoires remportées par deux grands hommes dans la bible. Il s'agit de Job et de Joseph. Ils ne sont certainement pas les seuls personnes dans les écritures qui sont passées par des moments très difficiles et qui sont restés fidèles à Dieu jusqu'au bout, mais je pense personnellement qu'ils se mettent au-dessus de la mêlée. En effet, si l'on veut réussir à marcher avec Dieu avec abnégation et fidélité, il est important d'analyser l'exemple de ces deux personnages et de suivre leurs traces. Allons-y donc.

Selon la bible, cet homme extrêmement riche qui s'appelait Job était intègre, droit et craignait Dieu. C'était un homme intègre, qui avait la crainte de Dieu. C'était un homme dont Dieu Lui-même rendait témoignage ouvertement. Son intégrité était telle qu'il offrait même pour chacun de ses enfants un holocauste pour les purifier de leurs péchés. S'adressant à Satan, Dieu Lui-même disait de Job, "As-tu remarqué mon serviteur Job? Il n'y a personne comme lui sur la terre, c'est un homme intègre et droit, craignant Dieu et se détournant du mal." Formidable! Pour recevoir un tel témoignage de Dieu Lui-même en personne, cet homme devait être vraiment bon.

En dépit de toutes ces qualités, Job n'était pas à l'abri des épreuves. En effet, le malheur s'abattit sur lui comme un torrent. En si peu de temps, il perdit toute sa richesse, tous ses enfants et serviteurs. Il fut frappé d'un ulcère malin et il ne lui resta que quatre serviteurs traumatisés qui échappèrent de justesse à la mort, une épouse désemparée et quelques amis pour le consoler. Mais dans tout cela, il resta fidèle à Dieu. Oui, combien d'entre nous aujourd'hui resteraient accrochés au Seigneur dans de tels épreuves ? Il est très facile de lire ou d'enseigner à partir de cette histoire, mais vous êtes-vous déjà poser la question suivante: "Puis-je être aussi fidèle que Job?"

Les gens autour de vous se demanderont même si celui qui passe par de telles épreuves est toujours Chrétien. Vous entendrez des paroles comme: 'N'est-il pas en train de récolter ce qu'il a semé par le passé? Etes-sur que cette femme a une vie de prière? Etc. Mais gloire soit rendue au Seigneur, Job compris la source de cette épreuve particulière et cela est très important. Il savait que ce n'était seulement une flèche tirée par le diable, mais que c'était également une épreuve de foi. Dieu l'a permis pour jauger la loyauté et le degré de consécration de Job vis-à-vis de Lui. Job savait par la grâce de Dieu que son secours ne viendrait que de l'Eternel. Dieu nous a fait la promesse de ne jamais nous abandonner même quand tout semble s'écrouler autour de nous. Même si une mère oubliait son petit enfant, Lui l'Eternel ne nous oublierait jamais car nos noms sont écrits dans la paume de ses mains. Il nous préservera toujours du mal même dans les moments les plus difficiles.

Job avait tout perdu; seul Dieu était sa consolation. Ses amis sont venus à lui pour compatir à sa douleur. Son épouse était dépitée par son entêtement en dépit de la situation à s'attacher à son Dieu, celui-là même qui a permis qu'il traversât cette épreuve si difficile. Il lui demanda même de maudire Dieu et de mourir. Oui, les actions de ton épouse, tes parents et même de tes amis jouent un rôle déterminant en temps d'épreuve. Certaines ne purent pas tenir jusqu'au bout juste parce qu'il leur a manqué le soutien de leur épouse ou de leur mari pendant les moments difficiles. J'ai vu des gens insulter, fustiger, critique, maudire et même abandonner leur conjoint seulement parce que les choses n'étaient plus aussi roses qu'elles l'étaient par le passé. Il n'y a rien de plus écœurant, mais cela confirme la parole de Dieu. Elle nous encourage à maintes reprises de ne pas mettre notre confiance en l'homme, qui qu'il soit. Ceux qui mettent leur confiance en l'homme seront toujours déçus.

Job réprimanda sa femme pour son conseil malsain. Il ne prêta pas non plus attention aux reproches de ses amis qui vinrent compatir à sa douleur; au contraire il attendit avec patience le secours de l'Eternel. Ecoutons ce qu'il dit en Job 14: 14,

''J'aurais de l'espoir tout le temps de mes souffrances, Jusqu'à ce que mon état vînt à changer''.

(Louis Segond 1910)

Fut-il déçu de Dieu? Non! Au terme de l'épreuve, Dieu rétablit Job dans son premier état et lui accorda le double de tout ce qu'il avait possédé. Il reçut non seulement des richesses et des enfants, mais il vécut également une vie longue, heureuse et épanouie. Il vit ses enfants et petits-enfants jusqu'à la quatrième génération. Gloire soit rendue à l'Eternel!

Joseph

Joseph est également passé par des temps d'épreuves avant de triompher par la suite. Il a souffert beaucoup parce qu'il raconta à ses frères un songe que Dieu lui avait montré; ces derniers le haïssaient à cause de cela. La grâce que Dieu manifeste dans votre vie peut susciter la haine et la persécution de la part des hommes et de Satan. Satan suscita dans le cœur des frères de Joseph le désir de l'éliminer avec ses rêves. Ils se dirent l'un à l'autre, "Tuons-le et nous verrons ce que deviendront ses songes." Ils le jetèrent dans une citerne, mais Dieu intervint et l'en fit sortir. Ils le dépouillèrent de sa tunique multicolore et le vendirent à des marchands.

Toutes ces choses furent conçues dans le but de le tuer et d'éteindre ses rêves, mais l'Eternel ne permit que ni l'un ni l'autre de ces desseins maléfiques ne se réalise. Personne, j'insiste, personne, ne peut tuer un homme qui porte les desseins de Dieu. L'on peut le dépouiller, le jeter dans un puits ou même le vendre, mais cela ne suffira pas pour éteindre le dessein de Dieu car Son dessein c'est Sa propriété. Aucun dépouillement, précipice ou acte de vente ne peut mettre fin au plan de Dieu pour vous au nom de Jésus - Amen!

Joseph est arrivé dans la maison de Potiphar avec son rêve et son Dieu. Il refusa de se compromettre. Il refusa de vivre dans le péché et selon les plaisirs mondains. Il refusa de coucher avec la femme de son maitre. Oui, peut-être qu'en ce moment une femme de Potiphar tourne autour de toi et veut t'amener à pécher contre Dieu. Si tu n'y prends garde et tombe, cela peut occasionner l'ajournement du plan divin dont tu es porteur. La persévérance de Joseph le conduisit à un autre niveau de difficulté qui l'amena en prison. Cependant, la main de l'Eternel demeura sur lui. La grâce de Dieu fut sur lui-même étant en prison. Et de la prison, Dieu par le concours de circonstances le fit devenir finalement Premier Ministre d'Egypt. Plusieurs fois, Joseph eut l'occasion de tout abandonner, ou tout au moins de renier Dieu et vivre comme bon lui semblât. Mais il ne le fit pas. Au contraire, il resta fidèle à l'Eternel jusqu'à l'accomplissement de tout ce qui avait été dit à son sujet.

Traverses-tu en ce moment des situations difficiles? As-tu été dépouillé de ce qui donne un sens à ta vie? As-tu été jeté dans l'abîme des ténèbres? Es-tu en ce moment confronté aux tentations de la maison de Potiphar? Ou bien, es-tu accusé à tort, enchainé et jeté dans une prison de servitude de laquelle tes ennemis pensent que plus rien ni personne ne peut encore te délivrer? Ils se réjouissent en disant que ta fin est arrivée. La bonne nouvelle est que je vois en ce moment à l'œuvre pour te sortir de ces situations et te faire entrer dans le palais dont tu es originaire. La croix nous conduira à la couronne si seulement nous croyons en Lui. Maintenant, prie que toutes les difficultés que tu traverses en ce moment servent à ton élévation.

LA VICTOIRE D'ISRAËL SUR SES ENNEMIS

Troisième Partie

La Victoire d'Israël sur Ses Ennemis

" Les Juifs se reposèrent le quatorzième, et ils en firent un jour de festin et de joie. ... Car le Juif Mardochée était le premier après le roi Assuérus; considéré parmi les Juifs et aimé de la multitude de ses frères, il rechercha le bien de son peuple et parla pour le bonheur de toute sa race. " Esther 9: 17b, 10:3

Nous ne pouvons pas conclure ce message sans mentionner certaines situations traversées par la nation d'Israël à diverses étapes de son histoire. Les Israelites ont subi l'humiliation, été accusés à tort, vécu la famine, l'oppression, la soif, la faim, la guerre, l'opposition, la captivité et même des menaces de destruction. Ils ont survécu à toutes ces choses car Dieu a un plan pour eux. Mais nous mettrons l'accent ici sur les exemples d'épreuves par lesquelles le Seigneur leur a permis de passer; et ils reçurent à la fin de grandes bénédictions pour leur persévérance. Nous relèverons quelques exemples des nombreux récits que comportent les écritures.

Haman et les Juifs

Je souhaite que vous lisiez attentivement les passages bibliques susmentionnés. Elles relatent la victoire merveilleuse du peuple de Dieu – le peuple Juif, après qu'ils survécurent au génocide planifié contre eux. D'où est parti leur malheur ? Haman et Mardochée sont à l'origine du problème. Haman l'Agaguite fut nommé premier ministre du royaume. Mardochée, un Juif était aussi l'un des hauts cadres du palais. Il était le père adoptif de la Reine Esther. Alors, tous les serviteurs du roi fléchissaient le genou et se prosternaient devant Haman (qui était un homme orgueilleux) quand celui-ci passait dans la cour du palais, mais Mardochée ne fléchissait point le genou comme eux. Il avait ses raisons.

Tout d'abord, Mardochée ne voulait pas donner l'adoration due à Dieu à un mortel. Il était Juif (Israélite), et connaissait la loi du Dieu d'Israël dont l'un des commandements interdit de se prosterner devant d'autres dieux (une personne ou une chose) que l'Eternel. Ainsi, Il refusait de se prosterner devant Haman, qui de surcroit était un païen. Aussi, Mardochée était dépité par l'orgueil d'Haman, qui aimait voir les serviteurs du palais fléchir les genoux devant lui. Haman se mit en colère contre Mardochée et complota pour l'éliminer lui ainsi que tous les Juifs. Il parvint finalement à convaincre le roi de signer un décret à ce sujet.

Pensez un peu à ce que les Juifs ont dû subir. Mardochée et l'ensemble des Juifs vivant dans le royaume connaissaient la date qui avait été arrêtée pour leur exécution ; ils savaient également que l'ordonnance du roi était irrévocable. Nul besoin de dire l'état de traumatisme, d'humiliation et de dévastation émotionnelle dans lequel ils se trouvaient. Ils étaient désespérés. La Bible l'a clairement indiqué.

"Mardochée, ayant appris tout ce qui se passait, déchira ses vêtements, s'enveloppa d'un sac et se couvrit de cendre. Puis il alla au milieu de la ville en poussant avec force des cris amers, et se rendit jusqu'à la porte du roi, dont l'entrée était interdite à toute personne revêtue d'un sac. Dans chaque province, partout où arrivaient l'ordre du roi et son édit, il y eut une grande désolation parmi les Juifs; <u>ils jeûnaient, pleuraient et se lamentaient, et beaucoup se couchaient sur le sac et la cendre.</u>''

Esther 4: 1-3

C'était une situation terrible. L'on s'imagine ce qu'ils répondaient aux plus petits lorsque ces derniers leur demandaient pourquoi ils pleuraient ou mettaient sur eux des sacs et de la cendre. Sans aucun, leurs enfants devaient savoir ce qui se passait. Ils savaient qu'eux, leurs parents ainsi que tous ceux de leur race, allaient être tués pendant ce 'jour noir'. Ils avaient été condamnés à mort. Selon un historien dont j'ai lu les écrits, les enfants des Juifs parlaient toujours entre eux de la situation et de cette date sur le chemin de l'école. Ils devaient se demander les uns aux autres s'ils se souvenaient de la date arrêtée pour leur élimination. La mort est un phénomène qui suscite la frayeur chez l'homme, et ce dernier est encore plus terrorisé lorsqu'il sait à l'avance que cette mort serait violente. N'est-ce pas?

Pendant que toutes ces choses se passaient, l'Eternel préparait également la délivrance de Ses enfants. Les Juifs jeûnèrent et crièrent à l'Eternel qui entendit leurs lamentations et décida de venir à leur secours. Le roi prit une ordonnance abrogeant la première et qui était favorable aux Juifs. Haman (l'instigateur du complot contre les Juifs) fut pendu avec ses dix fils. L'on accorda aux Juifs le droit de se défendre contre leurs ennemis ; et ils ne se firent pas prier pour user de ce droit avec beaucoup d'entrain. Ils firent passer par l'épée tous leurs ennemis par dizaines de milliers. Israël fut délivré. Mardochée fut élevé en dignité et tous le people se réjouit.

En effet, les Juifs continuent à ce jour de célébrer chaque année ce jour où Dieu descendit pour les délivrer de leurs ennemis. C'est la **Fête des Purim** qui est célèbre chaque année, dans le mois de Mars. Le récit de ce qui s'est passé et l'ordonnance doivent être transmis de générations en générations par tous les Juifs de l'intérieur et de la diaspora. Leur chagrin fut transformé en joie et en allégresse. Dieu fait la même chose aujourd'hui dans le nom de Jésus!

Israël et Ben-Hadad

Un autre exemple que nous voudrions relever est le récit relaté dans le livre de 2 rois 6:24-33, 7: 1-20. Il s'agit de l'histoire très connue du siège de la Samarie, alors capitale d'Israël, par l'armée ennemie. Le roi de Syrie mobilisa toute son armée et contre toute attente se lança à l'assaut d'Israël. Le but était d'anéantir totalement cette nation. L'attaque était si sévère qu'elle déclencha une grande famine au point que les gens consommaient des choses interdites et tuaient même leurs propres enfants pour les manger. Oui, la situation était intenable.

La Bible ne mentionne nulle part qu'Israël fît quelque chose de mal pour mériter une attaque si méchante de la part d'une nation envers laquelle elle venait de faire du bien. Vous devez savoir que parfois vos plus féroces persécutions proviennent des personnes qui ont bénéficié de votre aide, de gens à qui vous avez fait du bien par le passé. Au lieu d'être reconnaissants, ces personnes vous rendent par le mal le bien que vous leur avez fait. C'est ce que nous voyons chaque jour. Certains pour cette raison ont juré de ne plus jamais aider personne. Mais ce n'est pas la bonne attitude à avoir. Nous devons autant que nous le pouvons aider les personnes dans le besoin et attendre notre récompense de la part du Seigneur. Il ne faut pas s'attendre à ce que les personnes qui bénéficient de votre aide vous rendent toujours la pareille.

Seul Dieu connait la meilleure récompense à accorder à quelqu'un pour son acte de bienfaisance. Et Il la lui donne au moment opportun. Il faut savoir que tout acte de bonté manifesté est toujours rémunéré par le Seigneur. J'y crois fermement.

Alors, les Syriens, en dépit du bien que leur avait fait Israël, assiégèrent le territoire de ces derniers. Le peuple de Dieu fut dans une si grande détresse que même lui et son roi perdirent confiance en l'Eternel. Au chapitre six verset trente trois, le roi disait: ''Voici, ce mal vient de l'Éternel; qu'ai-je à espérer encore de l'Éternel?''.

Ils perdirent tout espoir en l'Eternel. En effet, bien avant cet épisode, le roi avait pris la décision de tuer le prophète Elisée. Il était donc très remonté contre l'Eternel et Son prophète, mais étant dans l'incapacité d'atteindre Dieu physiquement, il voudrait d'en prendre à Son prophète en le décapitant.

En temps d'épreuve, certaines personnes se fâchent contre Dieu, et s'en prennent même à Ses serviteurs. Elles se dressent contre les ministres et l'Eglise de Dieu qu'elles considèrent comme étant la source de leurs malheurs. Elles ont tort d'agir ainsi. L'attitude à adopter dans ces temps de difficultés c'est de prier et attendre la délivrance de Dieu. La Parole de Dieu nous encourage à attendre patiemment et avec foi le salut de l'Eternel car cela est bien. Au lieu d'accuser et de se dresser contre tout le monde, il faut plutôt rester calme en esprit et demander à Dieu ce qu'Il veut nous enseigner ou l'objectif qu'Il veut atteindre à travers la situation.

Pendant le roi d'Israël bouillonnait toujours de colère, la Parole de l'Eternel fut adressée à Elisée : Dieu a décidé de transformer l'économie d'Israël dans les 24 heures qui suivent. Incroyable! Si le roi avait fait preuve d'un peu plus de patience, l'intervention imminente de Dieu aurait pris toute chose en compte. **Nos moments les plus sombres préfigurent toujours l'avènement de nos miracles.** Plusieurs personnes ont abandonné leurs projets et leur foi alors qu'ils étaient sur le point d'atteindre leurs plus grandes réalisations. Il est vraiment important de persévérer jusqu'au bout. Oui, cela compte beaucoup! Apprenons à attendre jusqu'au bout la délivrance du Seigneur.

Comment l'Eternel procéda-t-Il à la délivrance d'Israël? Cette même nuit, Il se servit de quatre lépreux déprimés, puants, affamés et malades pour produire le miracle. Pendant qu'ils étaient en chemin pour le camp des Syriens à la recherche de quoi se nourrir, Dieu changea le son produit par leurs pas en bruits de chars de guerre. Les Syriens s'enfuirent tous, abandonnant tout derrière eux. Ils laissèrent derrière eux de l'or, de l'argent, des vêtements etc. Il y a eu à nouveau de la nourriture en abondance en Israël, selon la parole qu'avait prononcé le prophète de

Dieu. Gloire à Dieu! L'Eternel se sert de choses considérées comme viles par les hommes pour réaliser de grandes choses.

Par quelles difficultés passez-vous en ce moment? Comme le dit la Parole de Dieu, cela n'est pas étrange car beaucoup d'autres Chrétiens passent par les mêmes situations. Cela fait partie intégrante de notre nature en tant que Chrétiens. Pierre dit que vous devriez vous réjouir de ce que vous souffrez à cause du Seigneur car vous aurez part à Sa gloire. Vous devez tenir ferme et rester fidèle. Vous devez vous accrocher au Seigneur jusqu'à ce que la délivrance vienne. Il nous a promis une fin heureuse.

Vallée de Bénédictions

Dans le Chapitre vingt de deux Chroniques, nous voyons comment le Seigneur a changé les peurs et épreuves d'Israël en vallée de bénédictions. Trois nations s'allièrent et vinrent contre Israël qui heureusement avait à sa tête le roi Josaphat, qui craignait beaucoup l'Eternel. Il invoqua l'Eternel et amena le peuple à mettre sa confiance en Lui pendant ces temps difficiles. Ils crurent en l'Eternel qui combattit pour eux et mit en déroute leurs ennemis. Sur le champ de bataille, Israël ne fit que chanter, danser et louer Son saint nom. L'Eternel extermina tous leurs ennemis et transforma le champ de bataille en vallée de bénédictions pour les Israélites. Ils dépouillèrent leurs adversaires pendant trois jours. Formidable!

Vous pouvez changer vos moments d'épreuves en vallées de bénédictions en demeurant toujours dans un élan de louange. A mesure que vous élevez vers Lui des Louanges, Il accomplit des prodiges en votre faveur. Que vos lèvres ne manquent point de louanges à l'Eternel quelque soit la situation. Vous pouvez également lire l'enseignement sur la puissance de la louange dans mon livre intitulé 'La Puissance de la Prière de Minuit'. C'est un enseignement qui peut transformer votre vie. **Un homme de louange ne peut ni s'écrouler ni tomber.**

Nous croyons que Dieu vous a parlé à travers cet enseignement. Nous voudrions le savoir. Vous pouvez nous écrire. Que Dieu vous bénisse!

<u>**Prière**</u>

Je prie que Dieu vous comble de Sa grâce dans ce moment d'épreuve que vous traversez.

Je prie que Dieu vous aide à comprendre la raison pour laquelle Il permet que vous passiez par ces temps difficiles.

Je prie que vous receviez la récompense et la promotion qui sont toujours accordée à ceux qui persévèrent jusqu'au bout des épreuves au nom de Jésus – Amen.

Si vous n'avez pas encore accepté Jésus Christ comme votre SEIGNEUR et sauveur personnel, je vous prie de baisser la tête maintenant. Confessez vos péchés et demandez à Dieu de vous pardonner. Souvenez-vous, vous ne devez plus retourner à vos anciennes habitudes. Vous pouvez nous écrire si vous avez d'autres préoccupations .

Rev. Gabriel Agbo
E-mail:gabrielgbo@yahoo.com
P O Box 1755, Enugu. Tel: +234-8037113283
www.authorsden.com/pastorgabrielnagbo
Twitter: www.twitter.com/pastorgabagbo
Facebook: Double Honour International

<u>**Note**</u>**: Vous pouvez également soutenir ce ministère par des dons. Ecrivez-nous ou appelez-nous à l'une des adresses ci-dessus. Que le Seigneur vous bénisse!**
Envoyez-vous des dons à :

First Bank of Nigeria
Account name : Gabriel Agbo
Account Number : 3045148678 or 2026467591

<u>**Mes autres ouvrages**</u>

Briser les Malédictions Générationnelles: Révendiquer Sa Liberté

La Puissance de la Prière de Minuit

Double Honneur

Combattre l'Occultisme, la Sorcellerie et la Fausse Religion

Prépare- toi au Combat

Dieu de la Fécondité

Reçois Ta Guérison

Le Dieu d'Abraham, d'Isaac et de Jacob

La Prière de Josaphat

Pouvoir du sacrifice

Et autres ouvrages

La Puissance de la Prière de Minuit

Ce livre intitulé 'la Puissance de la Prière de Minuit' est sans doute l'un des ouvrages les plus complets et puissant s écrits sur le combat spirituel. Le titre fut choisi à partir d'une riche expérience, de témoignages et de confessions glaçantes, ainsi que par une étude attentive de la Parole de Dieu. En effet, c'est le fruit d'un travail de recherche riche et bien élaboré. Il a été catalogué comme un livre incroyable.

Ici, vous apprendrez beaucoup sur l'énorme puissance spirituelle mais pas suffisamment exploitée que renferment les prières faites entre 23:00 et 3:00 du matin. Connaissez-vous la puissance explosive qui se cache derrière la louange, la prière et le jeûne ? Connaissez-vous le rôle joué par les anges de Dieu, le Saint Esprit et le feu de Dieu dans le combat contre le royaume des ténèbres?

Dans ce livre, vous entendrez directement de la bouche d'anciens grands maitres occultistes du pouvoir colossal de destruction du nom et du sang de Jésus dans le royaume de Satan. Que se passe-t-il lorsque Satan et ses démons se retrouvent nez-à-nez avec ces deux éléments les plus puissants dans l'univers? Pourquoi Satan est-il tombé de son fauteuil lors d'une réunion à la mention du nom de Jésus?
Connaissez-vous les techniques de combat que l'ennemi utilise contre l'église, les chrétiens et les pasteurs? Comment arrive-t-il à détruire et parfois à tuer des ministres de l'évangile? Quels sont les agents du royaume des ténèbres dans l'église ? Quel rôle devraient jouer les intercesseurs ?
Quelle importance le sang et la chair de l'homme représentent-ils pour le royaume de Satan? Pourquoi le monde occulte pratique-t-

Briser les Malédictions Générationnelles: Révendiquer Sa Liberté (Livre)

Ce livre ouvrira vos yeux sur les conséquences de tous nos actes sur notre destine et celle de nos enfants; même ceux qui ne sont encore nés. La question des malédictions a longtemps été mise de coté, mais nous pensons qu'il est nécessaire de les exposer maintenant. Nous allons tout d'abord chercher dans les écritures à savoir ce que Dieu en pense exactement, comment elles fonctionnent et comment nous pouvons en être totalement libérés. Les malédictions générationnelles sont si importantes que l'Eternel les mentionna dans la table des Dix Commandements.

C'est un fait établi que plusieurs personnes y compris des Chrétiens souffrent aujourd'hui des conséquences de leur désobéissance aux commandements et attentes de Dieu. Ainsi donc, plusieurs sont liés par l'ennemi par le biais d'instruments de servitude invisibles et non-identifiés. Dans la présente étude, nous apprendrons comment briser ces chaines placés par l'ennemi. Nous exploreront plus en profondeur des domaines comme l'idolâtrie (notamment l'Halloween), l'immoralité, la perfidie, le vol, les meurtres etc. Je suis convaincu qu'à mesure que vous lirez ce livre et explorerez les vérités y contenues, vous serez animé par le désir de faire un auto-examen et de vous efforcer à vivre une vie de sanctification, au moins pour vos enfants et les générations à venir. Que Dieu vous bénisse par la lecture de ce livre que je vous conseille de lire avec un cœur et un esprit ouvert afin que vous compreniez mieux ce qui se passe autour de vous.

Reçois Ta Guérison (Livre)

Ce livre nous enseigne les secrets pour recevoir la guérison divine. Dieu guérit-Il encore aujourd'hui? Oui! Peut-on vivre aujourd'hui en parfaite santé? Oui! Notre Dieu est le même hier, aujourd'hui et éternellement. Attends-toi à recevoir la guérison pendant que tu lis ce livre.

Ici, vous découvrirez des témoignages incroyables qui affermiront votre foi et renforceront votre confiance en Sa capacité illimitée et volonté sans faille à intervenir même dans les pires situations. Par exemple, Dieu guérit encore aujourd'hui les maladies incurables ou en phase terminale. Il ressuscite encore les morts. Avez-lu l'histoire de cet homme qui est revenu de la mort à la vie après deux jours passés à la morgue ? Aujourd'hui, si Dieu peut le faire pourquoi penses-tu que ton état actuel est sans espoir? Vous y découvrirez beaucoup d'autres témoignages incroyables.

Ce livre comporte dix chapitres instructifs et puissants: Tout est Possible. La Guérison est un Droit pour Toi, L'Origine de la Maladie, La Parole de Dieu, Le Nom de Jésus, Le Saint Esprit, La Puissance de la Foi, Conserver Sa Guérison.

Vous découvrirez également le rôle de la prière, de l'onction d'huile, de l'imposition des mains, de la compassion (l'amour), de l'obéissance, des anges, de la louange et l'adoration, etc, dans votre quête de la guérison et la capacité à la conserver. Ce livre est conçu pour vous aider à recevoir votre guérison à mesure que vous le parcourez ; il est très pratique. Il est également disponible sur tous les principaux sites de vente en ligne.

Vous avez la possibilité de vous abonner à notre bulletin d'informations mensuel. Envoyez votre demande à <u>gabrielagbo@yahoo.com</u> et prenez soin de laisser un commentaire sur le livre ici. Vous pouvez le faire maintenant. Envoyez votre adresse e-mail à l'adresse susmentionnée pour recevoir une notification dès parution de notre prochain livre. Vous ne devez surtout pas le manquer, il s'intitule *La Puissance du Sacrifice*.

Que Dieu vous bénisse!